이해가 쏙쏙~ **사회**가 재밌어졌어요!

이해가 쏙쏙~
사회가 재밌어졌어요!

1판 1쇄 인쇄 | 2018. 10. 1.
1판 1쇄 발행 | 2018. 10. 5.

손혜령 글 | 김현례 그림

발행처 도서출판 거인
발행인 박형준
책임편집 안성철
디자인 박윤선
마케팅 이희경 김경진
등록번호 제2002-000121호
주소 서울시 마포구 와우산로 48 로하스타워 803호
전화 02-715-6857
팩스 02-715-6858

값은 표지에 있습니다.
ISBN 978-89-6379-170-8 73300

이야기 사회교과서 2

이해가 쏙쏙~ 사회가 재밌어졌어요!

글 손혜령
그림 김현례

거인

차 례

꼬물꼬물 지리

1. 땅을 줄여라 '축척' ……… 8
2. 높낮이를 알려 주는 등고선 ……… 12
3. 백두산은 '해발 2744미터' ……… 14
4. 지방마다 왜 사는 모습이 다르지? ……… 16
5. 우리 고장의 특산물은 뭘까? ……… 22
6. 촌락이 점점 사라지고 있다고? ……… 28

알뜰살뜰 경제

7. 선택은 기회비용의 문제! ……… 34
8. 생산의 삼총사 '토지', '자본', '노동' ……… 38
9. 은행의 은행 '한국은행' ……… 42
10. 도전! 통장 만들기 ……… 46
11. 나라에 내는 돈 '세금' ……… 50

굽이굽이 역사

12. 비행기의 역사 ········· 56
13. 문화재는 소중해! ········· 62
14. 우리나라 국보 제1호, 보물 제1호는? ········· 66
15. 팥죽 먹는 동지 ········· 70
16. 더도 말고 덜도 말고 한가위 같아라 ········· 72
17. 마을 지킴이 장승 ········· 76
18. 사물놀이로 풍년을 빌어 볼까? ········· 80

두루두루 정치

19. 정치가 뭐야? ········· 86
20. 정치엔 대화와 타협이 필요해 ········· 90
21. 선거엔 꼭 지켜야 할 원칙이 있다고? ········· 94
22. 국회의원은 법을 만들어 ········· 98
23. 시민 단체는 힘이 세 ········· 102

흥미진진 사회문화

24. 바깥일, 집안일엔 남녀가 따로 없어 ········· 108
25. 나에게도 여가가 필요해! ········· 112
26. 친척, 촌수를 따져 볼까? ········· 116
27. 조상에게 제사를 지내 ········· 118
28. 우리 동네만 깨끗하면 된다고? ········· 122
29. 미래의 로봇, 어디까지 발전할까? ········· 124

01 땅을 줄여라 '축척'

줄일 때도 법칙이 있어

지도를 그릴 때는 똑같은 비율로 줄여야 해요. 타조를 그리라고 했더니 긴 목과 긴 다리를 짧게 그리고 타조라고 우긴다면, 아무도 그 정체를 모를 거예요. 마찬가지로 지역의 거리와 방향을 무시하고 제멋대로 그리면 지도를 보고 목적지를 찾기가 어려워요.

똑같은 비율로 줄이는 걸 '축척'이라고 해요.

핵심 포인트
축척이란 지도에서 사물의 크기를 일정한 비율로 줄이는 거예요.

축척은 땅을 몇 배로 줄였는지 알려 주죠. 지도에 '0̶_̶1̶0̶0̶m̶' 와 같은 표시가 있다면 이표시는 지도에서 1cm가 실제 100m를 나타낸다는 뜻이에요. 100m 운동장은 지도 속에서 고작 1cm밖에 안돼요.

옛날엔 우리나라가 미국보다 컸다고?

'혼일강리역대국도지도'는 조선 시대에 만든 세계 지도예요. 휴, 이름도 길죠? 이 지도를 보면 지금의 세계 지도와 차이가 있어요. 땅 크기도 제각각이고 여러 나라들의 위치도 다르지요.

혼일강리역대국도지도

조선 시대만 해도 기차나 비행기가 없어서 멀리까지 여행하기가 힘들었답니다. 그래서 사람들은 여러 자료들을 참고해 유럽이나 미국 등을 상상해서 그릴 수밖에 없었어요. 혼일강리역대국도지도에는 중국이 떡하니 가운데에 자리하고 있어요. 그 크기만 해도 지도의 반을 차지하지요. 중국을 세계의 중심이라고 여겼기 때문이랍니다. 우리나라는 중국 다음으로 커요. 지도만 보아도 당시 사람들의 세계관을 알 수 있어요.

세계 지도는 나라마다 모양이 달라요. 대개 자기 나라를 중심에 두고 그리기 때문이에요. 우리나라에서 펴낸 세계 지도에는 대한민국이, 미국이 펴낸 세계 지도에는 미국이 그 중심에 있답니다.

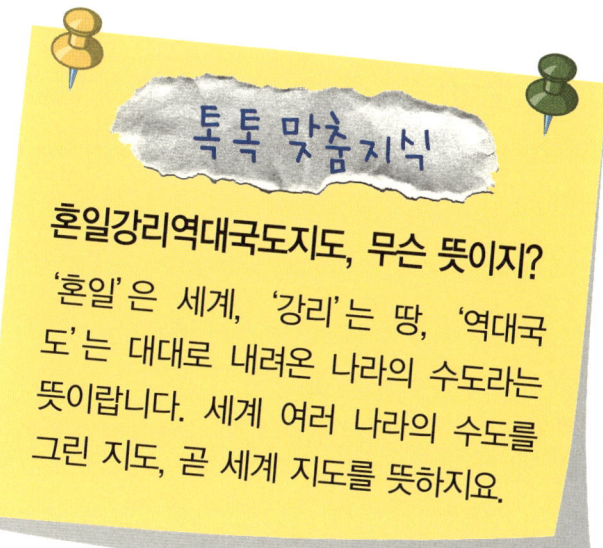

톡톡 맞춤지식

혼일강리역대국도지도, 무슨 뜻이지?

'혼일'은 세계, '강리'는 땅, '역대국도'는 대대로 내려온 나라의 수도라는 뜻이랍니다. 세계 여러 나라의 수도를 그린 지도, 곧 세계 지도를 뜻하지요.

02 높낮이를 알려 주는 등고선

같은 높이를 선으로 이어

지도 곳곳에는 연못에 돌을 던지면 나타나는 동그라미처럼 여러 겹의 동그라미가 그려져 있어요. 이 동그라미가 등고선이에요. 같은 높이에서 그은 선이란 뜻이지요.

등고선은 산의 맨 아래쪽부터 20미터, 40미터, 80미터, … 이렇게 일정한 높이를 죽 이어서 만들어요. 이상하게도 원이 찌그러진 모양이죠? 산의 기울기가 달라서 그래요. 좀 평평하고 오르기 쉬운 길은 원 간격이 넓고, 반대로 가파른 길은 원의 간격이 좁아요. 참고로 등산할 때는 등고선의 간격이 널찍한 쪽으로 가는 것이 힘이 덜 들어요.

핵심 포인트
같은 높이를 이은 등고선은 원의 간격이 좁을수록 경사가 가파르지요.

동그라미마다 쓰인 숫자는 땅의 높이를 표시한 거예요. 안쪽으로 갈수록 땅에서 멀어지니까 숫자 또한 커지지요. 가장 안쪽에 있는 세모꼴은 산꼭대기를 가리키는 기호랍니다. 세모 옆에 쓰인 숫자가 바로 그 산의 높이가 되지요.

03 백두산은 '해발 2744미터'

높이를 공평하게 재

지역 곳곳에 흩어져 있는 산들은 다 같은 높이에서 시작하지는 않아요. 낮은 땅에서 봉긋 솟아오른 산도 있고, 높은 땅에서 솟아오른 산도 있지요.

이렇게 높낮이가 다르다보니 산의 높이를 정확하게 재기가 힘들어요. 산들을 한군데에 모을 수도 없고, 어디 좋은 방법이 없을까요? 기준을 정하면 간단히 해결할 수 있어요. 우리나라에서는 인천 앞바다의 물 높이를 기준으로 두고 산의 높이를 잰답니다. 땅이 아니라 바닷물로부터 높이를 재기 때문에 '해발'이라는 말을 높이 앞에 붙여요.

핵심 포인트
산의 높이를 잴 때는 바닷물의 밀물과 썰물의 평균 높이를 기준으로 하는데, 이를 '해발'이라고 해요.

바닷물은 늘 들어찼다 나가기를 반복해서 잴 때마다 매번 그 높이가 달라요. 그래서 바닷물이 들어찼을 때와 밀려 나갔을 때 높이의 중간을 '해발 0미터'로 삼았답니다. 백두산의 높이는 2744미터가 아니라 '해발 2744미터'예요!

04 지방마다 왜 사는 모습이 다르지?

기후에 따라 지방을 셋으로 나누어

"내일 중부 지방은 오후 한때 소나기가 내리겠습니다."
뉴스에서 일기예보를 할 때 '남부 지방', '중부 지방', '북부 지방'이란 말이 자주 나와요.
남부 지방은 제주도, 경상도, 전라도를 가리키고, 중부 지방은 서울, 경기도, 충청도, 강원도, 북한의 황해도를 가리켜요. 황해도를 뺀 나머지 북한 지역을 북부 지방이라고 부르지요. 이와 같이 세 지방으로 구분한 까닭은 우리나라의 지형 때문이에요. 우리나라는 남북으로 길쭉해서 아래쪽에 있는 남쪽 지방과 위쪽에 있는 북쪽 지방의 기온 차이가 매

핵심 포인트
우리나라는 기후를 기준으로 남부·중부·북부 지방으로 나뉘며, 지방마다 생활 모습이 달라요.

우 크답니다. 남쪽으로 갈수록 기온이 따뜻하고, 북쪽으로 갈수록 춥지요. 이러한 기후의 차이는 지방마다 특색 있는 전통과 음식, 생활 모습을 만들었어요.

남부 지방으로 갈수록 김치가 짜요

배추김치, 백김치, 열무김치, 갓김치, 오이소박이, 나박김치, 동치미 등 종류도 다양하고, 맛도 다양한 우리나라 김치에는 숨겨진 기후의 비밀이 있답니다.

날씨가 무더운 남부 지방에선 음식이 금방 상해요. 그래서 일부러 소금을 많이 넣는답니다. 소금이 방부제 역할을 해서 음식이 무르거나 상하지 않거든요. 반대로 추운 북쪽으로 갈수록 김치도 싱거워져요.

그 지역에서 잘 잡히는 재료를 양념으로 쓰기 때문에 지역마다 김치 맛도 달라요. 남부 지방에선 멸치젓으로 김치를 양념하고, 중부 지방에선 조기젓과 새우젓으로 양념해요. 색깔만 봐도 어느 지방의 음식인지 대강 알 수 있어요. 고춧가루를 넣지 않고 하얗게 담근 백김치는 북쪽에 있는 평안도의 대표 김치랍니다.

- 김치의 종류 -

<배추김치>

<백김치>

<열무김치>

<갓김치>

<오이소박이>

<동치미>

북부 지방은 집이 다닥다닥 붙어 있어

지방마다 기후에 따라 집도 다르게 지었어요.

남부 지방은 'ㅡ'자 모양이에요. 바람이 잘 통하라고 집 가운데에 대청마루를 만들고 창문도 여러 개 내었어요. 방과 마루, 부엌이 나란히 붙어 있어요.

중부 지방은 대개 'ㄱ'자 모양이에요. 기역자로 꺾여 있어서 북쪽에서 부는 바람을 막아 주지요. 안방과 건넌방 사이에 마루가 있어요. 남부 지방에 비해 마루가 좁고 창문 수도 적어요. 안방, 대청마루, 건넌방이 있고 꺾인 곳엔 부엌을 두었답니다.

북부 지방의 집은 'ㅁ'자예요. 사방에서 불어오는 차가운 바람이 드나들지 못하게 꽁꽁 에워싼 모양이지요. 특이하

핵심 포인트
기후에 따라 지방마다 집 모양이 달라요. 남부 지방은 'ㅡ'자 모양, 중부 지방은 'ㄱ'자 모양, 북부 지방은 'ㅁ'자 모양이에요.

- 각 지방의 집 모양 -

<남부 지방>

<중부 지방>

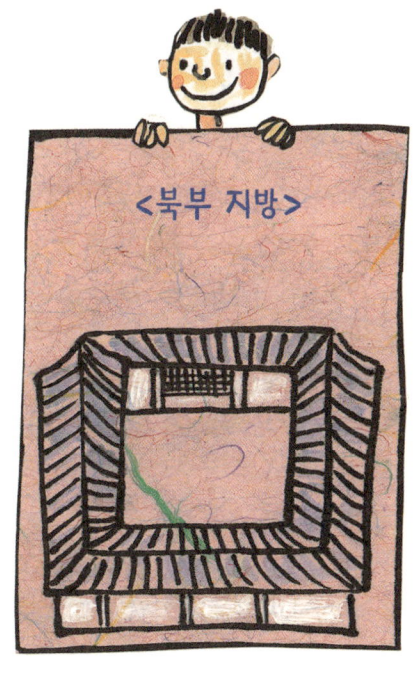

<북부 지방>

게 마루가 없고 방과 부엌 사이에 온돌을 놓은 빈 공간이 있어요. 정주간이라는 곳인데, 이곳에서 식구들은 쉬기도 하고, 밥도 먹고, 부엌일도 했답니다. 앞쪽에는 부엌, 정주간, 아랫방, 윗방이 있고 뒤쪽엔 곳간과 헛간, 외양간, 변소가 있어요.

05 우리 고장의 특산물은 뭘까?

특산물은 기후의 영향을 받아

"자, 싸요, 싸. 임금님 상에 오르던 맛 좋은 '영광' 굴비입니다."

어떤 물건에는 상표처럼 지역 이름이 붙어요. 위의 '영광'도 어느 회사의 상표처럼 보이지만 사실은 전라남도에 있는 지역 이름이에요. 이 이름의 값어치는 굉장해요. 최고의 맛을 보장한다는 뜻이니까요. 비싼 값에도 불구하고 여기 저기 잘 팔려 나가지요.

맛있는 감귤을 먹고 싶다면 어떻게 해야 할까요? 질 좋은 도자기를 사고 싶다면요? 이럴 땐 감귤과 도자기로 유명한 지역의 물건을 찾으면 믿을 수 있어요. 아참, 감귤은 제주도의 서귀포가 유명하고, 도자기는 이천이 유명해요. 이와 같이 그 지역을 대표하는 물건을 특산물이라고 한답니다.

【이천 도자기】

이천 도자기는 옛날 우리 장인들이 굽던 방식 그대로 도자기를 만들기 때문에 유명해요. 또한 도자기 재료로 쓰이는 흙의 품질이 뛰어나고, 서울과 거리가 가까워 도자기를 옮기기 편리하지요. 조선 시대 때 임진왜란의 영향으로 도공들이 뿔뿔이 흩어졌다가 실력 있는 도예가들이 이천에 모여들면서 다시 활기를 띠고 있답니다.

【보성 녹차】

보성 지역은 산과 바다, 강을 두루 끼고 있어서 안개 낀 날이 많답니다. 이 안개가 햇빛과 습도를 조절해 차 맛을 뛰어나게 만들지요. 땅이 기름지고 몸에 좋은 각종 유기물이 풍부해서 차를 재배하기가 좋아요.

【울릉도 오징어】

따뜻한 곳을 좋아하는 오징어는 추운 겨울엔 남쪽에 있는 제주도에 머무르다가 점점 위쪽으로 이동해요. 울릉도는 바닷물이 깨끗하고, 오징어의 먹이인 플랑크톤이 풍부해서 8월경이 되면 오징어가 많아요. 울릉도 오징어는 그날 잡은 건 바로 말리기 때문에 신선한 건 물론이고, 다른 지역보다 맛이 고소하고 향이 좋아요.

【경북 사과】

사과는 온도에 아주 예민해요. 햇볕도 많이 쬐야 하고, 낮과 밤의 기온 차가 커야 해요. 비도 적당히 내리는 지역이 좋고요. 그래야 달달한 맛이 강해져요. 이러한 까다로운 사과의 재배 조건을 만족시키는 지방이 경상북도예요. 우리나라에서 생산되는 사과의 절반이 경상북도에서 재배된답니다. 그 중에서도 영주, 의성, 안동, 영천에서 나는 사과가 유명해요.

06 촌락이 점점 사라지고 있다고?

농촌, 산촌, 어촌은 촌락이야

넓은 평야가 많은 농촌에서는 주로 쌀, 보리와 같은 곡식을 심거나 과일을 재배해요. 소, 돼지를 키우는 집도 많아요.

바닷가에 자리한 어촌은 주민의 대다수

가 고기잡이를 해요. 바닷물을 가둬 소금을 캐기도 하고 갯벌에 사는 조개나 주꾸미, 게를 잡아 도시에 내다 팔아요.
산촌은 다른 지역보다 해가 늦게 뜨고 일찍 져요. 산비탈에 계단식으로 논을 만들어 배추, 감자, 옥수수 등을 재배하죠. 서늘한 곳에서 재배한다고 해서 고랭지 농업이라고 불러요. 산에서 나는 나물이나 약초를 캐고, 석탄, 철과 같은 지하자원도 캐요.
농촌, 산촌, 어촌은 모두 촌락이에요.

핵심 포인트
농촌에선 주로 곡식을 심고 과일을 재배해요. 어촌에서는 고기잡이를, 산촌에서는 고랭지 농업과 각종 나물, 약초, 지하자원을 캐 생활해요.

촌락이 변하고 있어

농촌, 어촌, 산촌은 자연에서 나오는 것들을 이용해 생활해요. 그래서 마을 주민들은 직업도 대개 비슷하지요.

최근 많은 사람이 일거리를 찾아 도시로 떠난 탓에 촌락에 빈집이 늘어 걱정이에요. 마을에 젊은이가 부족해서 농사철이 되면 일손이 모자라요. 또, 가르칠 학생이 없어 문을 닫는 학교도 늘었고요. 병원, 도서관과 같은 복지 시설도 부족하지요.

외국에서 농산물을 싼 값에 들여오는 바람에 촌락은 갈수록 힘들어져요. 10년, 20년 뒤에는 사람이 없는 유령 촌락

핵심 포인트
촌락은 인구 감소, 복지 시설 부족, 농산물 시장 개방 등의 문제점이 있어요.

이 늘고 기본 먹을거리들을 죄다 수입해야 할지도 몰라요. 그러나 다행스럽게도 정부와 마을 주민들이 손을 모아 여러 노력들을 하고 있답니다.

도시 사람들이 딸기를 직접 따거나 모내기를 할 수 있는 체험 농장도 만들고, 몸에 좋은 친환경 곡식과 과일 재배에도 힘쓰고 있어요. 촌락 사람, 도시 사람 가릴 것 없이 우리 모두의 관심과 노력이 필요해요.

알뜰살뜰 경제

07 선택은 기회비용의 문제!

자원은 희소해

'자장면을 먹을까, 짬뽕을 먹을까?', '게임을 할까, TV를 볼까?' 하루에도 몇 번씩 우리는 선택의 갈림길에 서요. 고민할 것 없이 둘 다 얻으면 좋을 텐데, 왜 꼭 하나만 골라야 할까요? 물건이나 돈은 끝없이 샘솟는 게 아니에요.

우리는 가지고 싶은 것을 모두 가질 수 없어요. 선택해야 해요. 이를 '자원의 희소성'이라고 하지요.

희소성이 클수록 그 값 또한 비싸요. 다이아몬드는 장난감이나 게임기보다 훨씬 비싸요. 비싸다고 해서 그 값어치가 크다는 뜻은 아니에요. 공기는 공짜예요. 하지만 공기는 다이아몬드보다 더 값어치를 가지고 있어요.

피어나 공주의 합리적인 선택

하나를 선택하면 다른 하나는 포기해야 하지요. 이때 포기하는 것의 가치가 기회비용이랍니다.

합리적인 선택을 하려면 기회비용이 적은 쪽을 선택해야 한답니다. 어렵나요? 겁나먼 왕국의 피어나 공주의 선택을 생각해 보세요.

초록 괴물 수렉의 도움으로 피어나 공주는 무시무시한 용의 성에서 풀려나죠. 아뿔싸, 그런데 이게 웬일? 피어나 공주가 수렉과 닮은 녹색 괴물로 변해 버렸네요!

피어나 공주에게는 두 갈래의 선택이 있었어요. 용의 성에 갇힌채 아름다운 여인으로 사는 것과 수렉을 닮은 녹색 괴물로 사는 것 말이에요.

결국 피어나 공주는 녹색 괴물을 선택했지요.
여기서 피어나 공주가 포기한 아름다운 여인
으로서의 가치가 바로 기회비용이에요.
합리적인 선택을 하고 싶다면 만족이
큰 쪽, 다시 말해 기회비용이 적은
쪽을 고르세요.
피어나 공주도 수렉과 행복한
가정을 꾸렸으니, 합리적인
선택을 한 셈이죠?

08 생산의 삼총사 '토지', '자본', '노동'

생산하려면 뭐가 필요하지?

만화에 나오는 마법 지팡이는 언제 어디서든 원하는 걸 뚝딱 만들어 내는 '생산' 지팡이에요. 그러나 아쉽게도 현실은 이와 딴판이지요. 배를 만들려면 나무를 구하고, 돛도 있어야 하고, 배를 만들 수 있는 기술자와 배의 연료도 필요하지요. 이와 같이 생산 활동을 위한 여러 재료들을 생산요소라고 한답니다.

그 중 토지, 노동, 자본을 생산의 3요소로 꼽아요.

토지는 쉽게 말해 땅이에요. 로봇을 만들기 위해서는 공장을 지을 터가 있어야 하지요. 농사를 지으려면 씨앗을 뿌릴 땅이 필요하고요.

노동은 사람들의 노력과 힘이에요. 연구원이 로봇을 설계하는 일이나 기술자가 설계도에 따라 부품을 조립하는 일, 기계를 만지는 일 모두 노동이에요.

땅과 사람, 로봇 부품을 살 자본도 꼭 필요해요. 이와 같이 생산에 필요한 기계, 시설을 마련하는 데 드는 돈이 자본이랍니다.

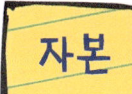

회사들은 더 좋은 제품을 만들기 위해 경쟁해

물건 하나를 한 회사가 독차지해서 만드는 경우는 거의 없어요. 여러 회사에서 물건을 더 많이 팔기 위해 노력하며 서로 경쟁하지요. 경쟁을 통해 어떤 회사는 대박 상품을 내어 어마어마하게 돈을 버는가 하면, 파리만 날리다가 문을 닫는 회사도 있지요. 오늘도 회사들은 보이지 않는 경쟁을 하면서 소비자의 마음을 사로잡기 위해 노력하고 있어요.

회사는 쉴 새 없이 아이디어 회의를 해서 화려한 색감과 톡톡 튀는 디자인을 한 상품을 선보여요.

요즘 인기몰이 중인 청소 로봇은 맞벌이 부부가 늘어난 것에 실마리를 얻어 성공한 상품이에요. 친환경 제품도 건강을 중요하게 여기는 현대 소비자들의 마음을 노린 제품이

핵심 포인트
회사들은 서로 경쟁하며 소비자의 마음을 사로잡기 위해 노력해요.

지요. 생산의 3요소와 더불어 기술, 디자인, 아이디어도 물건의 질을 높이는 데 중요한 역할을 한답니다.

09 은행의 은행 '한국은행'

왜 지폐에 한국은행을 새겼지?

지폐의 앞면을 살펴보세요. 천 원짜리건, 만 원짜리건 상관없어요. 중앙에 한국은행이란 글자가 쓰여 있고, 한국은행 총재의 도장도 찍혀 있어요. 어라, 한국은행이 돈의 주인인가요? 지폐에 적힌 한국은행은 무엇을 하는 곳일까요?

한국은행은 일반 은행과는 하는 일이 달라요. 한국은행은 우리나라에서 유일하게 돈을 만들 수 있어요. 일반 은행에선 사람들의 돈을 빌려 주거나 맡아 주지만 돈은 못 만들어요. 어디서든 돈을 찍

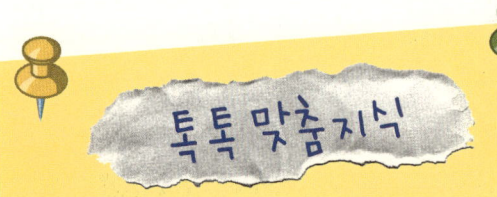

세계의 중앙은행

한국은행처럼 일본에는 일본은행, 미국에는 연방준비은행, 영국에는 영란은행, 중국에는 중국인민은행이 있어요. 이러한 은행을 '중앙은행'이라고 해요.

게 한다면 너도나도 돈을 마구 발행해 곧 돈의 가치가 떨어질거예요. 그러면 사회가 불안해지고 혼란스러워지기 때문입니다.

한국은행에선 무슨 일을 해?

한국은행은 일반 사람에겐 돈을 안 빌려 줘요. 정부와 은행만 거래해요. 일반 은행들은 한국은행에 돈을 빌리거나 맡겨요. 그래서 한국은행을 '은행의 은행'이라고 하지요. 정부도 국민에게서 걷은 세금을 한국은행에 맡겨요. 한국은행은 세금을 잘 보관하고 있다가 정부가 필요할 때 돈을 내주지요. 돈을 더 찍어야 하는지, 필요하다면 얼마나 찍을지도 정해요. 한국은행은 새 지폐가 필요하면 국민의 의견을 묻고 지폐에 들어갈 위인과 모양을 결정하기도 해요. 얼

마 전에 나온 5만 원짜리 지폐도 이러한 과정을 거쳐 탄생했어요.

아참, 돈을 만드는 곳은 따로 있어요. 한국은행의 주문을 받아 한국조폐공사에서 돈을 만들어요. 이렇게 만든 돈은 한국은행 금고에 잘 보관해 두었다가 일반 은행에 전달하지요.

톡톡 맞춤지식

찢어진 돈은 어디에 버릴까?

찢어지거나 더러워져서 더 이상 쓸 수 없는 돈은 은행에서 한데 모아 잘게 찢어서 건물의 바닥 재료 등으로 재활용해요. 한 해 버리는 돈을 5톤 트럭에 담으면 약 200대나 된답니다.

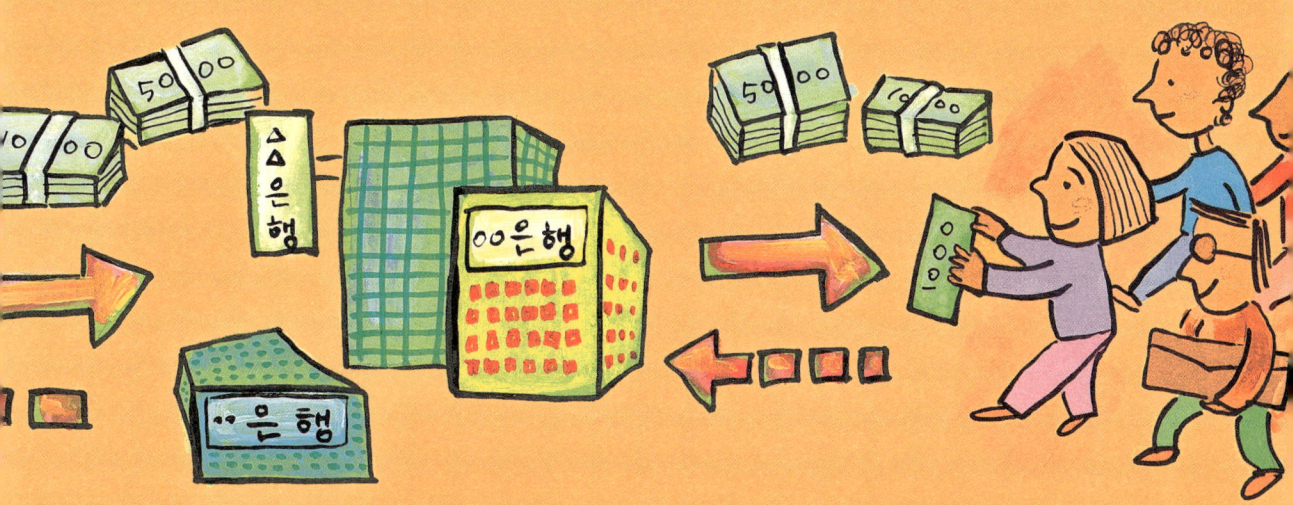

10 도전! 통장 만들기

예금 종류가 다양해

젓갈 장사를 해서 큰돈을 모은 할머니가 화제가 된 적이 있어요. 할머니는 차곡차곡 저금한 통장 수십 개를 자랑스레 보여 주셨죠. 할머니는 왜 통장을 여러 개로 나누어 저축했을까요?

은행에서는 사람들의 다양한 요구에 맞춰 여러 종류의 예금을 내놓아요. 예금이란 은행에 돈을 맡기는 일이에요. 보통예금은 아무 때나 돈을 맡기고 찾을 수 있어요. 하지만

언제 다시 돈을 찾아갈지 모르기 때문에 이자율이 낮아요.
돈을 찾지 않고 다달이 정해진 날짜에 저축만 하는 예금이
정기적금이에요.

보통예금과 정기적금의 중간이 정기예금이에요. 갖고 있는
목돈을 일정 기간 한꺼번에 맡겨요. 이것도 보통예금보다
이자율이 높아요.

은행과 거래를 터

은행과 거래를 하려면 통장이 필요하답니다. 자, 통장 만들기에 도전해 볼까요?

우선 주민등록증이나 운전 면허증과 같은 신분증이 필요해요. 어린이들은 신분증이 없으니까 부모님과 함께 은행에 가야 해요. 부모님의 신분증도 꼭 가져가고요.

통장에는 자기 이름을 사용해요. 별명이나 가짜 이름은 사용할 수 없어요. 속임수를 쓰지 않고 건전하게 거래를 했는지 알리기 위한 절차예요.

은행 한쪽에 마련된 예금 가입 신청서에 이름과 주민등록번호, 주소, 전화번호 등을 써요. 통장의 인감란에 도장을 찍고, 비밀번호도 정해요. 드디어 내 이름의 통장이 생겼어요. 비밀번호는 나중에 돈을 찾을 때 필요하니까 꼭 외워야해요. 외우기 쉽게 하기 위해서 남이 눈치챌 수 있는 주민등록번호나 생일 숫자를 사용해서는 안돼요.

이제부터는 관리가 중요해요. 용돈을 받고 있다면 얼마씩 저축을 하는 것이 적당할지 고민해요. 처음부터 욕심을 부리는 건 금물이에요. 티끌 모아 태산이라는 속담도 있잖아요. 조금씩 저축을 해서 나날이 통장에 돈이 불어나는 걸 보면 기분이 좋아질 거예요.

11 나라에 내는 돈 '세금'

어린이도 세금을 낸다고?

나라에서는 학교와 경찰서를 짓고, 도로를 만들지요. 거리를 청소하고 쓰레기 분리수거하는 일도 나라에서 해요. 나라 살림에 쓰이는 이 많은 돈은 어디에서 나오는 걸까요? 나라에서는 살림을 하기 위해 국민에게 돈을 걷는데, 이것이 바로 세금이에요. 돈을 벌거나 물건을 사면 예외 없이 세금이 붙어요. 그 세금의 종류도 다양하지요. 부모님이 일을 하고 돈을 벌면 그 일부를 소득세로 내요. 돈을 번 것에 대한 세금이에요. 작

톡톡 맞춤지식

물건에 붙는 세금 '부가가치세'

물건을 사고 받은 영수증이 있다면 확인해 보세요. '부가가치세'가 보이죠? 이 세금은 가게 주인이 대신 받아서 모아 두었다가 나라에 내요.

은 분식집 사장님도, 큰 자동차 회사의 회장님도 번 돈의 일부를 세금으로 내요. 집이나 땅을 가지고 있으면 재산세를 내고요.

어린이들도 알게 모르게 세금을 내고 있어요. 아이스크림이나 옷을 살 때 이미 세금을 냈답니다. 그런 기억이 없다고요? 가격에 이미 세금이 포함됐기 때문이에요.

왜 누구는 세금을 많이 내지?

세금은 어떻게 매겨야 할까요? 누구나 세금을 똑같이 내도록 하는 것이 가장 공평한 방법일까요?

실제로는 그렇지 않아요. 나라에서 국민에게 똑같이 한 달에 10만 원씩을 세금으로 걷는다고 상상해 보세요. 한 달에 수천만 원을 버는 사람에게 10만 원은 적은 돈이지만, 형편이 어려운 사람들에게는 매우 큰 돈이지요.

결국 소득의 차이가 점점 벌어져서 부자는 더 부자가 되고, 가난한 사람은 살림이 점점 빠듯해질 거예요.

이러한 문제 때문에 나라에선 소득을 기준으로 세금을 계산해요. 소득이 많으면 세금도 많이 걷고, 소득이 적으면 세금도 적게 걷지요. 소득을 기준으로

세금을 걷기 때문에 돈을 많이 벌수록 세금도 많아져요. 그 이유는 사람들 간에 소득의 차이는 줄이고, 나라 살림에 필요한 돈을 얻기 위해서랍니다.

핵심 포인트
세금은 소득을 기준으로 걷기 때문에 돈을 많이 벌수록 세금도 많아져요. 그 이유는 사람들 간에 소득의 차이는 줄이고, 나라 살림에 필요한 돈을 얻기 위해서예요.

12 비행기의 역사

하늘을 나는 건 사람의 오랜 꿈이야

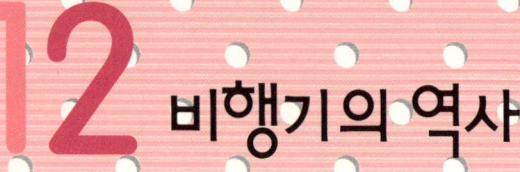

보자기를 두르고 슈퍼맨처럼 두 팔을 뻗으면 마치 하늘을 나는 것 같은 기분이 들어요. 예나 지금이나 사람들은 새처럼 날고 싶다는 꿈을 꾸었답니다. 이 꿈을 이루기 위해 끊임없이 노력을 해왔고요. 비록 실패로 끝났지만, 1000여 년 전에는 새처럼 큰 날개를 붙이고 날기를 시도한

사람도 있었어요. 이탈리아의 예술가이자 과학자였던 레오나르도 다 빈치는 비행기가 발명되기도 훨씬 전에 이미 새의 날개를 단 비행기, 나사못 원리를 이용한 헬리콥터를 생각해 냈지요.

1783년에는 프랑스의 몽골피에 형제가 풍선 모양의 열기구를 이용해 25분 동안 하늘을 나는 데 처음으로 성공했어요. 뒤이어 프랑스와 영국에서도 철사와 버팀판으로 날개를 만들어 손과 발로 조정하는 글라이더를 발명했지요.

최초의 비행기 플라이어호

1903년 12월 17일 미국 노스캐롤라이나의 언덕. 차가운 겨울바람을 맞으며 '플라이어호'라는 이름을 단 비행기가 멋지게 하늘을 갈랐어요. 12초 간의 짧은 비행이었지만 이 날은 인류 역사에 길이 남는 날이랍니다.

라이트 형제가 세계 최초로 엔진을 단 비행기 발명에 성공했기 때문이죠. 라이트 형제의 플라이어호 이후 비행 기술은 나날이 발전을 거듭했어요. 두 쌍이었던 비행기 날개는 한 쌍으로 바뀌었고, 뒤이어 오늘날과 같이 앞에 프로펠러가 달린 비행기가 등장했지요. 또 수소를 연료로 한 초대형 비행선, 전투기 등이 개발되었답니다.

핵심 포인트
라이트 형제가 엔진을 단 비행기 발명에 성공함으로써 세계 여러 나라를 자유롭게 오가고, 나라 사이의 거래도 활발해졌어요.

오늘날에는 제트 엔진을 단 비행기인 점보 여객기가 안전하고 빠르게 많은 사람들을 태워 나르고 있지요.
비행기는 사람들의 생활을 획기적으로 바꾸어 놓았어요.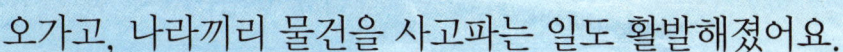
지구 마을이라는 뜻의 '지구촌'
이라는 말이 자연스러울 정도로
사람들은 이웃 나라를 자유롭게
오가고, 나라끼리 물건을 사고파는 일도 활발해졌어요.

우주 여행의 시대가 열리다

비행기의 엔진 기술은 오늘날의 우주선을 만드는 데에 한몫을 했어요. 비행기 엔진 기술 덕분에 지구 밖 우주로의 여행도 가능하게 되었으니까요. 지금으로부터 50여 년 전, 러시아에서 우주선 스푸트니크호를 발사했어요. 놀랍게도 그 안에는 '라이

카' 라는 이름의 개가 타고 있었다고 해요.
1961년에는 러시아의 보스토크 1호가 사람을 태우고 성공적으로 우주 비행을 마칩니다. 최초의 우주인이 된 유리 가가린은 "지구는 파랗다."라는 유명한 소감을 남겼어요.
암스트롱을 포함한 미국의 우주 비행사 세 사람도 아폴로 호를 타고 달 탐사를 무사히 마쳤어요.
2008년엔 이소연 씨가 우리나라 최초로 러시아의 소유즈 호를 타고 우주에서 여러 실험을 마치고 돌아왔어요.
오늘날에는 나라끼리 경쟁적으로 우주 탐사에 열을 올리고 있어요. 인구 증가와 부족한 자원 문제를 우주가 해결해 주리라 기대하기 때문이죠. 머지않아 우주여행의 길이 열리기를 기대해 봅니다.

13 문화재는 소중해!

문화재가 뭐야?

<석굴암>

경주에 가면 타임머신을 타고 몇 백 년 전으로 돌아간 기분이 들어요. 불국사, 천마총, 석굴암이 보이고, 그밖에 이름 모를 오랜 건축물들이 널려 있지요. 이러한 귀중한 유산은 문화재로 지정해 나라에서 보호해요. 탑이나 옛 책, 옛 그림, 왕관과 같이 보고 만질 수 있는 것은 '유형 문화재'로 정해요. 성터, 옛 무덤, 궁궐과 같이 역사적으로 가치가 있는 곳은 '사적'으로, 경치가 빼어난 동

핵심 포인트

유형 문화재 – 보고 만질 수 있는 것(탑, 고서, 옛 그림, 왕관 등)
사적 – 역사적으로 가치가 있는 곳(성터, 옛 무덤, 궁궐 등)
천연기념물 – 경치가 빼어난 동굴이나 희귀한 식물·동물
민속자료 – 조상들의 생활을 보여 주는 자료(풍습, 집, 옷 등)

굴이나 희귀한 식물·동물도 '천연기념물'로 정해요. 예부터 전해 내려오는 풍습이나 집, 옷과 같이 조상들의 생활을 보여 주는 '민속자료'도 문화재의 한 종류예요.

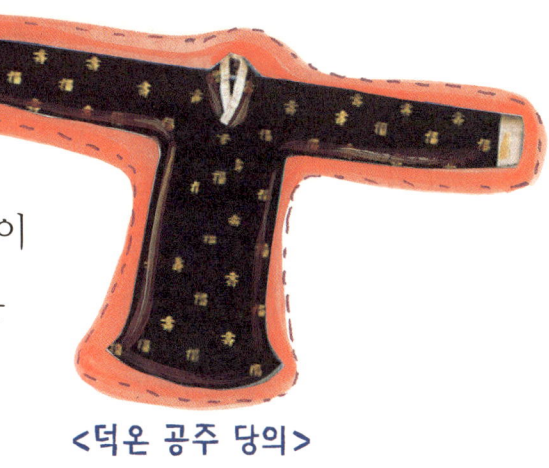
<덕온 공주 당의>

첨성대, 석굴암은 모두 유형 문화재예요. 조선 시대에 지은 화성, 강원도의 소금강은 사적이고요. 조선 시대 살림집을 보여 주는 강릉의 선교장, 덕온 공주 당의는 민속자료로 이름이 올랐답니다.

<첨성대>

63

모양이 없는 문화재도 있어

비록 볼 수는 없지만 대대로 내려오는 음악, 문자, 춤, 연극도 우리가 보호해야 할 귀중한 유산이에요.
소리꾼이 북 장단에 맞춰 이야기를 엮어 가는 판소리, 왕과 왕비를 모신 사당에서 올리는 제사 음악인 종묘 제례악, 중부 지방의 탈춤 양주별산대놀이 등 우리의 귀중한 유산은

셀 수도 없이 많아요. 이러한 것들은 따로 '무형 문화재'로 정해 나라에서 보호하고 있어요. 문화재의 가치는 돈으로 따질 수 없어요. 왜냐하면 문화재는 우리 역사를 올바로 이해하는 데 중요한 자료가 될 뿐 아니라 앞으로 우리 문화가 발전하는 데 바탕이 되기 때문이에요.

우리가 좋아하는 가수의 노래나 춤, 옷도 언젠가는 후손들이 아끼고 보호해야 할 문화재로 남을 수도 있어요.

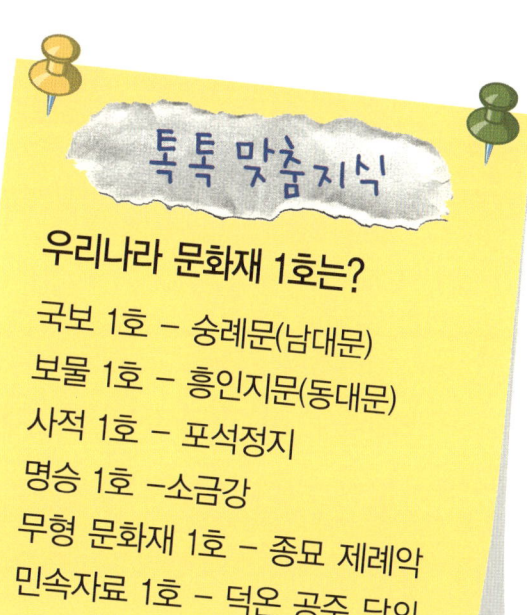

톡톡 맞춤지식

우리나라 문화재 1호는?

국보 1호 - 숭례문(남대문)
보물 1호 - 흥인지문(동대문)
사적 1호 - 포석정지
명승 1호 - 소금강
무형 문화재 1호 - 종묘 제례악
민속자료 1호 - 덕온 공주 당의

양주별산대놀이 탈

14 우리나라 국보 제1호, 보물 제1호는?

국보 제1호 숭례문

숭례문은 우리나라 국보 제1호로, 조선 시대를 대표하는 가장 오래된 건축물이에요.

조선을 세운 이성계는 지금의 서울인 한양에 수도를 정하고, 적의 공격을 막을 수 있는 튼튼한 성을 쌓고자 했어요. 이성계의 부름을 받고서 학자 정도전은 한양 둘레에 성곽을 쌓고 동서남북 네 방향에 각각 큰 문과 작은 문을 한 쌍씩 세웠어요. 사람들은 이 네 문을 통해서만 한양에 드나들 수 있었답니다.

핵심 포인트
우리나라 국보 제1호 숭례문은 조선 시대에 지어진 가장 오래된 건축물이에요. 하지만 안타깝게도 2008년에 불이 나서 다시 짓는 중이에요.

현재 서울 중구 남대문로에 있는 숭례문은 남쪽을 지키는 문이에요. 서울의 정문으로 그 크기가 크고 건축 기술도 뛰어나요. '예의를 존중하는 문'이란 뜻답게 중국이나 일본의 사신들은 모두 이 문으로 들어왔지요. 안타깝게도 2008년에 불이 나서 일부만 남기고 다 타버려서 원래 모습과 가깝게 다시 짓는 중이랍니다.

숭례문은 우리나라 국보 제1호야.

보물 제1호 흥인지문

한양의 사대문에는 각각 이름이 있었답니다. 동쪽의 문은 '흥인지문', 서쪽 '돈의문', 남쪽 '숭례문', 북쪽의 문은 '숙정문'이라고 해요.

숭례문 뒤를 이어 두 번째로 완성된 흥인지문은 보물 제1호예요. 참고로 제1호가 곧 문화재의 으뜸이란 말은 아니에요. 문화재는 모두 역사적으로 의미가 크기 때문에 그 가치를 따져 순위를 매길 순 없으니까요.

흥인지문의 '인(仁)', 돈의문의 '의(義)', 숭례문의 '예(禮)' 숙정문의 '정(靖)'은 유교의 가르침인 '인의예지(仁義禮智)'에서 나왔어요.

거대한 성곽을 에워쌌던 사대문은 600여 년이 지난 오늘날, 없어지거나 훼손된 것이 있어요. 참 안타까운 일이지요.

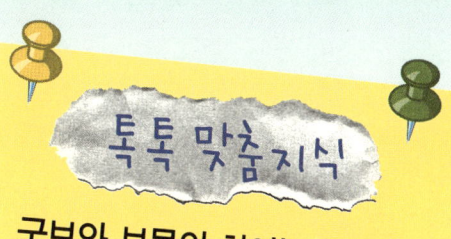

톡톡 맞춤지식

국보와 보물의 차이는 뭘까?

문화재 중에서도 역사적으로 의미 있고 매우 귀중한 것을 국보로 정하고, 그 다음으로 중요한 것을 보물로 정해요. 국보와 보물은 다 유형 문화재예요.

15 팥죽 먹는 동지

팥죽을 쑤어 귀신을 쫓아

동지는 일 년 가운데 낮이 가장 짧고 밤이 가장 긴 날이랍니다. 조상들은 이 날을 태양의 힘이 점점 사그라지다가 다시 힘을 되찾는 날로 여겨 '작은 설'이라고도 불렀어요.

한 해의 시작을 알리는 명절은 설이지만, 실제로는 동지부터 한 해가 시작된다고 생각한 거죠. '동지 팥죽을 먹어야 한 살 더 먹는다'는 속담도 있잖아요.

동짓날이 되면 집에서는 팥죽을 쑤고, 여기에 찹쌀로 동글동글하게 빚은 새알심도 넣었지요. 정성스레 쑨 팥죽은 한 그릇씩 떠서 장독이나 곳간, 방 곳곳에 놓았답니다.

핵심 포인트
동지는 일 년 중 낮이 가장 짧고 밤이 가장 긴 날이에요. 이 날이 되면 사람들은 귀신을 내쫓는 팥죽을 쑤어 나누어 먹었어요.

이와 같이 팥죽을 먹는 것에는 다 이유가 있어요. 붉은색은 귀신이 가장 무서워하는 색이거든요. 그래서 붉은 팥을 집안 곳곳에 두면 이를 보고 귀신이 도망간다고 믿었지요. 아직까지도 그 전통이 남아 돌잔치나 회갑연 때는 팥떡을 꼭 상에 올린답니다. 새알은 새가 알을 깨고 나오듯 탄생이나 시작을 의미해요. 사람들은 자기 나이 수대로 새알심을 먹으며 각오를 새로이 다졌어요.

16 더도 말고 덜도 말고 한가위 같아라

언제부터 추석이 생겼지?

설과 더불어 우리나라의 가장 큰 명절은 추석이에요. 추석은 크다는 뜻의 '한'과 가운데라는 뜻의 '가위'를 붙여 '한가위'라고도 하고, '중추절'이라고도 불러요.
역사를 기록한 책 『삼국사기』에는 추석에 대한 유래가 전해져요. 신라 유리왕 때의 일이에요. 해마다 7월 16일이 되면 부녀자들이 편을 갈라 옷감을 짜는 길쌈 대회가 열렸어요. 한 달이 지난 8월 15일에는 그동안 짠 옷감으로 점수를 매겨 승부를 갈랐어요. 대회에서 진 팀은 이긴 팀에게 음식을 대접하고, 춤을 추며 노래도 불렀어요. 이 의식을 '가

핵심 포인트
추석은 신라 유리왕 때 부녀자들이 편을 갈라 길쌈 대회를 열던 것에서 시작되었어요.

배'라고 하는데 가배가 '가위'로 바뀌었다고 해요.
추석날 아침에는 가을걷이한 햇곡식과 햇과일로 조상님께 차례를 지내고, 성묘를 드려요. 또한 식구들이 오순도순 모여 앉아 꿀이나 밤, 깨, 콩을 넣은 송편을 만들었어요. 송편을 예쁘게 빚어야 시집을 잘 간다고 해서 반달 모양으로 송편을 곱게 빚고 솔잎을 깔아 맛있게 쪄냈지요.

놀이도, 먹을거리도 넉넉해

추석은 동네 마을 잔치이기도 했답니다. 모래밭에서는 힘센 장정들이 씨름 대회를 벌였어요. 이 대회의 최종 우승자는 '장사'라 부르고 상으로 송아지도 주었지요.

추석에만 볼 수 있는 독특한 풍습도 있어요. 엉덩이를 맞대고 엎드린 두 사람 위에 멍석을 덮어 가짜 소를 만들어요. 다른 사람이 가짜 소를 끌고 집집마다 돌며 소에게 춤을 추도록 시켜요. 그러면 집 주인은 음식을 대접하는데, 이 놀이를 소먹이 놀이라고 해요.

이맘 때가 되면 1년 중 가장 큰 보름달이 떠오르는데, 사람

들은 달님에게 풍년이 들게 해 달라고, 시집·장가 가게 해 달라고, 과거에 급제하게 해 달라고 정성껏 소원을 빌었답니다. 날이 어둑어둑해지면 여성들은 넓은 마당에 모여서 손을 맞잡고 노래를 부르며 둥글게 원을 그리고 강강술래를 돌았어요.
'더도 말고 덜도 말고 한가위만 같아라' 라는 속담처럼 1년 내내 농사지어 거둔 곡식과 과일로 먹을 것이 넉넉해 이날만큼은 가난한 옆집 순이네도 배불리 먹고 즐겼답니다.

17 마을 지킴이 장승

왜 장승을 세울까?

해가 뉘엿뉘엿 지는 길을 나그네가 홀로 걷고 있어요. 때마침 불빛을 발견한 나그네는 지친 얼굴을 활짝 펴고는 발걸음을 서둘렀지요. 그런데 이게 웬일이에요. 퉁방울 눈에 험상궂은 얼굴이 불쑥 나타나는 것이 아니겠어요?

나그네의 가슴을 철렁하게 만든 얼굴은 바로 장승이에요. 멀리서 보면 꼭 사람과 비슷해요.

장승은 대개 곧은 소나무를 골라 얼굴과 몸통을 장식해 만들어요. 얼굴 표정도 다양해요. 험상궂은 얼굴도 있고 우스꽝스럽게 생긴 얼굴도 있어요. 절에서는 독특하게 돌로 장승을 만드는데, 나무보다 오래 가기 때문이에요. 특히 전라남도 나주 불회사에 있는 석장승이 유명해요. 사람들은 마을이나 절 앞에 장승을 세우면 잡귀가 들어오지 못한다고 믿었대요.

나주 불회사 석장승

톡톡 맞춤지식

나무 장승을 썩지 않게 하려면?

마을에서는 장승을 만들면 구덩이를 파고 쉽게 썩지 말라고 횃가루, 숯 따위를 뿌린 뒤 그 위에 장승을 세웠어요.

왜 천하대장군, 지하여장군이라 부르지?

장승은 마을 지킴이에요. 마을 전체를 굽어보면서 귀신을 쫓고, 질병이나 나쁜 일이 생기지 않게 지켜 주지요. 그래서 마을 사람들은 장승 앞에서 "농사가 잘 되게 해 주세요.", "전쟁이 나지 않고 평화롭게 살 수 있게 해 주세요."하고 빌었답니다. 장승의 몸통 아래쪽을 보면 마을에 몇 채가 사는지, 다음 마을까지의 거리는 얼마인지를 표시해 두었어요.

도로의 이정표처럼 말이에요. 장승은 대개 천하대장군과 지하여장군이 쌍을 이뤄 서 있어요. 당시 최고의 벼슬 자리였던 장군을 붙여 천하를 지키는 장군, 지하를 지키는 장군으로 추켜세웠지요. 천하대장군은 남자이고, 지하여장군은 여자예요.
천하대장군 대신 상원대장군이라고 쓰기도 해요. 하늘 아래 으뜸가는 장군이라는 뜻이지요.

장승에게 별명이 있다고?

전라도와 경상도에서는 장승을 융통성 없고, 답답한 사람이라는 뜻의 '벅수'라고도 부르고, 제주도에서는 할아버지라는 뜻의 '하르방'이라고도 불러요.

18 사물놀이로 풍년을 빌어 볼까?

네 가지 악기를 신 나게 두들겨

난타를 본 적이 있나요? 도마, 냄비 등을 신나게 두드리며 주방에서 일어나는 일을 재미있게 표현했지요. 배우들의 몸짓과 소리를 들으면 어깨가 절로 들썩여요. 난타는 요즘에 생긴 놀이지만, 그 뿌리는 사물놀이에 있답니다.

우리의 대표적인 놀이 문화인 사물놀이의 역사는 그리 길지 않아요. 1978년에 김덕수 사물놀이 패가 처음으로 선보였으니, 30년이 좀 넘는 셈이에요. 꽹과리, 징, 장구, 북 이렇게 네 악기로 연주하는 음악과 놀이라고 해서 사물놀이라고 불러요.

핵심 포인트
꽹과리, 징, 장구, 북으로 연주하는 음악과 놀이를 사물놀이라고 해요.

사물놀이는 악보나 지휘자도 없이 서로 마음을 맞추고 눈짓과 몸짓으로 가락을 주고받지요. 요란한 꽹과리와 비 소리를 닮은 장구, 묵직하고 점잖은 징, 힘찬 북 소리가 한데 어우러져 기막힌 조화를 이루지요.

- 사물놀이의 네 가지 악기 -

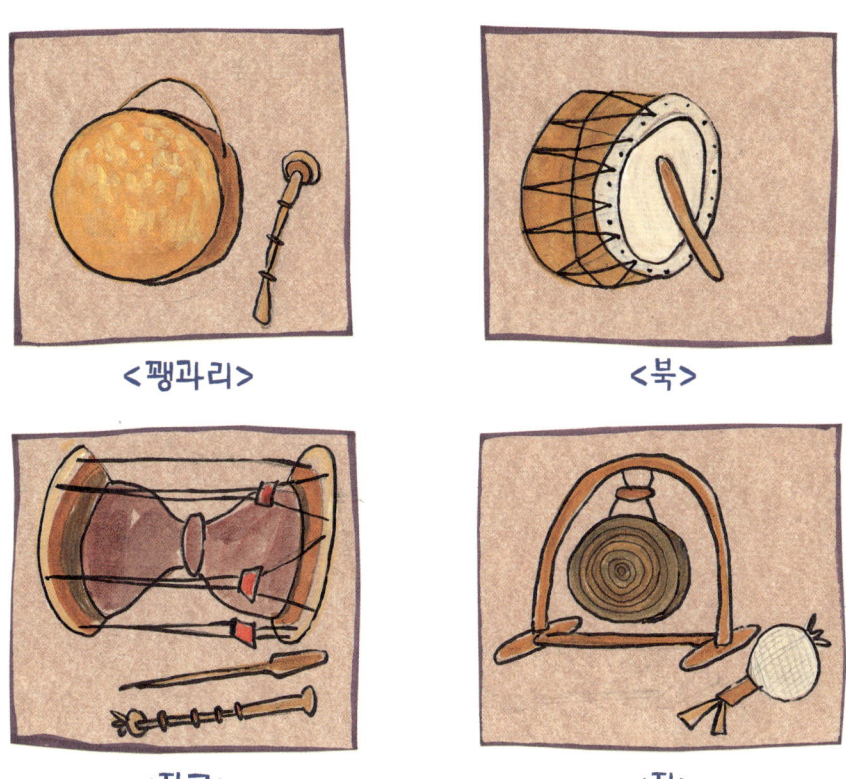

<꽹과리> <북>

<장구> <징>

풍년을 기원하며 풍물놀이를 해

사물놀이는 풍물놀이에서 나왔어요. 그러니까 풍물놀이, 사물놀이, 난타는 모두 한 뿌리에서 나왔네요.

풍물놀이는 사물놀이보다 더 많은 악기를 사용하지요. 무대도 따로 없어요. 넓은 곳이면 무조건 판이 벌어졌답니다. 풍물놀이를 하는 날이 곧 동네의 잔칫날이었어요. 기수가 깃발을 들고 앞장을 서면 이제 시작이에요. 기수 뒤를 태평소가 뻴릴리 소리를 내며 뒤따라요. 풍물의 우두머리인 상쇠가 꽹과리를 치며 장단을 맞추고 그 뒤를 징, 장구, 북, 소고가 차례로 연주해요. 틈틈이 모자에 달린 긴 채로 원을 그리며 묘기를 부리는 건 소고예요.

사람들은 흥겨운 풍물놀이를 보며 시름을 덜고, 올해 풍년이 들기를 소망했답니다. 정월대보름 날이면 풍물패가 집집마다 돌며 굿을 했어요. 굿을 하면 집 안의 나쁜 액이 달아난다고 믿었지요.

두근두근 정치

19 정치가 뭐야?

다툼을 해결하는 거야

신문이나 TV 뉴스를 보면 국회의원들끼리 맞고함을 지르고 몸싸움을 벌이는 장면을 자주 볼 수 있어요.

정치는 싸움의 다른 말일까요? 살면서 부딪히는 많은 문제들을 해결하는 것이 정치랍니다. 정치는 서로 의견이 맞지 않아 다투거나 경쟁하지 않도록 하는 노력이라고 할 수 있지요. 국회에서 법을 만들고 법원에서 법을 집행하고, 정부가 경찰서와 병원을 세워 사회 질서를 유지하는 것 모두 정치 활동이에요.

정치는 국회의원이나 대통령과 같은 정치가들의 일이고 나

핵심 포인트
정치는 사회에서 일어나는 여러 문제들을 해결하려는 노력이에요. 좁은 의미의 정치는 정치가들의 활동이지만, 넓은 의미에서 정치는 가족회의, 학급회의, 동네 반상회 등도 포함됩니다.

와는 거리가 먼 일로 여기기 쉬운데, 그건 좁은 의미의 정치랍니다. 학교나 집에서도 정치가 이루어져요. 집에서 가족회의를 열어 중요한 일을 결정하고, 학교에서 학급회의를 열어 의견을 나누는 일도 넓은 의미의 정치랍니다.

다양한 방법으로 정치에 참여해

옛날엔 신분에 따라 정치에 참여하는 방법이 달랐어요. 양반은 상소 제도를 통해 임금에게 글을 써서 자기 의견을 전할 수 있었고, 오늘날의 공무원 시험에 해당하는 과거 시험에 합격해 관리가 될 수도 있었지요. 억울한 일을 당한 백성은 궁궐에 가 신문고라는 북을 울리며 하소연했답니다.

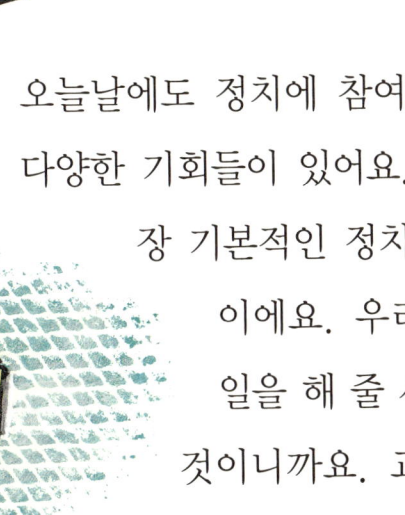

오늘날에도 정치에 참여할 수 있는 다양한 기회들이 있어요. 선거는 가장 기본적인 정치 참여 방법이에요. 우리를 대신해 일을 해 줄 사람을 뽑는 것이니까요. 교육 제도를 고치는 일과 같이 중요한 정책을 내놓기 전에 나라에서 국민들이나 전문가들의 의견을 묻는 공청회에 참여하는 것도 정치에 참여하는 방법입니다.

20 정치엔 대화와 타협이 필요해

나라의 주인은 국민이야

정치 이야기를 하자면 약 2500년 전 고대 그리스의 아테네까지 거슬러 올라가요. 고대 그리스는 인구 1만 명이 조금 넘는 도시 국가들로 이루어져 있었어요. 도시 하나가 서울의 약간 큰 아파트 단지와 비슷한 규모였죠. 인구가 적다보니 나랏일은 시민권을 가진 20세 이상 남자 시민 모두의 의견을 물어 결정했어요.

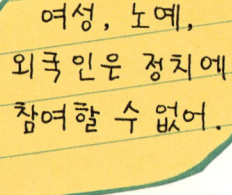
여성, 노예, 외국인은 정치에 참여할 수 없어.

난 노예? 외국인?

여성과 노예, 외국인은 빼고 말이에요. 전쟁과 같은 국가의 중대한 문제가 생기면 시민들은 자연스럽게 '아고라'라고 부르는 광장에 모여 나랏일을 토의했어요.

그리스의 방식을 오늘날 그대로 따르는 건 무리예요. 지금 우리나라의 인구만 해도 그리스 인구의 4900배가 넘는답니다. 옛날에 비해 나랏일도 복잡해졌고요. 다만 그리스의 정신은 오늘날까지도 이어져 내려오고 있죠. 바로 나라의 주인은 국민이라는 것 말이에요.

대화와 타협은 문제 해결의 기본이야

지난 역사를 보면 막강한 권력을 가진 왕이 모든 일을 결정하고 국민은 무조건 따라야 하는 시기가 있었지요. 마치 벌거숭이 임금님이 멋진 옷을 입은 양 거리를 행진하는데 꼬마 한 명을 뺀 모든 국민이 왕의 옷이 멋지다며 거짓말을 하던 동화처럼 말이에요.

힘을 가진 한 사람이 제멋대로 일을 처리하는 독재 정치는 많은 사람들의 의견이 무시되고, 사람들의 불만이 따를 수밖에 없어요.

더불어 살아가기 위해서는 대화와 토론을 통한 타협이 꼭 필요하답니다. 무엇이 옳고 그른지 따지고, 서로 양보하며 의견 차이를 줄여 가야 해요.

핵심 포인트
정치를 할 때는 대화와 토론을 통해 타협을 하고, 다수결의 원칙을 따라요.

정치도 마찬가지예요. 의견이 다를 때는 입장을 바꾸어 생각해 보고, 조금씩 양보해야 돼요. 내 의견과 다르다고 남을 무시하거나 내 생각만 강요하는 건 나쁜 태도예요. 대화와 토론을 해도 결론이 나지 않을 땐 보다 많은 사람이 찬성한 쪽으로 결정을 내려요. 여럿이 선택한 의견에 따른다고 해서 이를 다수결의 원칙이라고 해요.

21 선거엔 꼭 지켜야 할 원칙이 있다고?

선거의 4가지 원칙

우리나라 선거에서는 다음 네 가지 원칙을 지켜야 해요.

첫째, 만 19살의 국민이면 누구나 투표할 수 있지요. 남자건 여자건, 부자건 가난하건, 직업이 좋건 나쁘건 관계없어요. 이와 같은 원칙을 보통선거라고 해요.

둘째, 한 사람이 한 표만 행사할 수 있어요. 돈 주고도 못 사요. 이를 평등선거라고 해요.

셋째, 투표권을 가진 사람이 직접 뽑아요. 이 원칙이 직접선거예요. 엄마가 바쁘다고 아빠가 대신 투표를 하면, 그 표는 무효가 되고 처벌까지 받아요. 유학을 가거나 군대에 가는 등 투표할 수 없는 사정이 생기면 미리 투표할 수 있

핵심 포인트
선거의 4원칙 : 보통선거, 평등선거, 직접선거, 비밀선거

어요. 우편으로 받아 보거나 나라에서 마련한 임시 투표소에서 투표를 하지요.

마지막으로 비밀선거가 원칙이에요. 누가 어떤 사람에게 투표하는지 아무도 몰라요. 누구의 눈치도 보지 않고 자유롭게 후보자를 찍도록 하기 위해서예요.

꼭 지켜야 할 공명선거

나라의 일꾼을 뽑는 일도 중요하지만 선거를 치르는 과정이나 절차를 잘 지키는 것 또한 중요해요. 공정하고 올바른 선거를 치르는 것, 이것을 '공명선거'라고 해요.

공명선거가 이뤄지지 않는다면 사회가 혼란스러워질 거예요. 돈을 뿌리거나 폭력을 써서 표를 얻으려는 사람, 전체보다 자기 이익만을 챙기는 사람이 늘어나겠지요. 밝히기 부끄럽지만 우리나라에도 과거에 선거에서 부정하게 당선된 예가 있었답니다.

1960년 3월 15일 대통령 선거에서 이승만 후보가 당선됐어요. 그

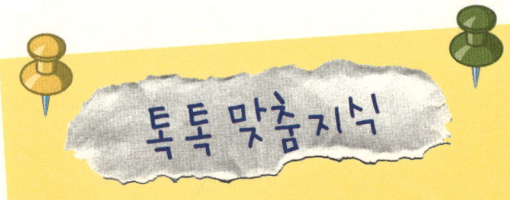

톡톡 맞춤지식

부정 선거를 막는 중앙 선거 관리 위원회

중앙 선거 관리 위원회는 모든 선거를 공정하게 관리, 감독하는 곳이에요. 이곳에서는 후보자나 정당이 선거법을 어기지 않도록 감시하고, 선거 규칙을 만들고 선거 비용도 조사해요.

러나 온갖 지저분한 방법으로 선거에 당선된 사실이 탄로 나고 말았지요. 화가 난 학생들과 시민들은 날마다 항의 시위를 했고, 결국 이승만은 도망치듯 하와이로 떠났어요.

22 국회의원은 법을 만들어

지역의 대표자 국회의원

국회는 국민을 대표하는 기관이에요. 국민을 대표하는 국회의원은 나라의 중요한 일을 결정하지요. 국회의원이 되면 4년간 일을 하게 돼요.

국회의원 선거에서는 모두 299명의 국회의원을 뽑는데, 245명만 투표로 뽑아요. 나머지 54명은 다른 방식으로 뽑아요. 자유한국당과 민주당 같은 각 정당이 선거에서 얻은 표를 계산해서 정당에 자리를 나눠 줘요. 표를 많이 얻으면 자리도 많이 돌아가지요.

국회의사당

국회의원이 나랏일을 보는 곳이에요. 둥근 지붕의 국회의사당에는 국회의원 사무실과 회의실, 일반인도 이용할 수 있는 국회 도서관 등이 있답니다. 서울 여의도에 있어요.

만 25세가 넘으면 누구나 국회의원이 될 수 있어요. 정당에 속해 나가거나 소속이 없어도 나갈 수 있고, 대통령과 달리 여러 번 할 수 있지요.

국회의원이 되면 다른 직업을 가져선 안돼요. 잘 봐달라며 남이 슬쩍 찔러주는 돈을 받는 일도 절대 안 돼요.

국회의원은 어떤 일을 할까?

국회의원은 국민을 대표해 법을 만들어요. 국민의 뜻에 따라 법을 새로 만들거나 잘못된 법을 고치지요. 한 해 동안 어느 곳에 얼마를 쓸지, 계획해 놓은 예산이 잘 짜였는지도 검토해요. 교육부, 통일부, 기획재정부와 같은 정부의 각 기관이 일을 제대로 하고, 허투루 돈을 쓰진 않았는지도 감시해요. 국민에게 거둔 세금으로 하는 일이니까 엄격하고 꼼꼼하게 따지는 거죠.

우리나라는 해마다 9월 1일이 되면 정기 국회가 열려요. 일 년에 한 번, 100일간 열려요. 정기 국회 말고도 임시 국회를 열 수 있답니다. 단 30일 안에 회의를 마쳐야 해요.
국회의원이 되면 특별한 권리 두 가지를 보장받는답니다. 중대한 죄를 짓는 걸 들키지 않는 한 감옥에 가지 않는 불체포 특권이 있어요. 또 하나는 면책 특권이에요. 책임을 면한다는 뜻인데, 국회의원으로서 한 말은 국회 밖에서 책임을 지지 않는 권리예요. 다른 사람들의 눈치를 보지 않고 당당하게 일할 수 있도록 하기 위해서예요.

23 시민 단체는 힘이 세

사회 전체의 이익을 위해 일해

사회에서 일어나는 여러 문제들을 해결하고 더 좋은 사회를 만들기 위해 시민들이 힘을 모은 단체가 시민 단체예요. 시민 단체는 뜻 있는 사람들이 자발적으로 만들어 정치, 경제, 사회, 교육, 환경, 복지 여러 분야에 걸쳐서 활동해요. 기업과 같이 돈을 벌기 위해서가 아니라 사회 전체에 이익이 되는 일을 하지요. 예컨대 불량 식품을 만드는 회사가 없는지 감시하고, 갯벌에 사는 생물을 보호하기 위해 환경 보호 운동을 해요. 선거 기간에 뒷돈을

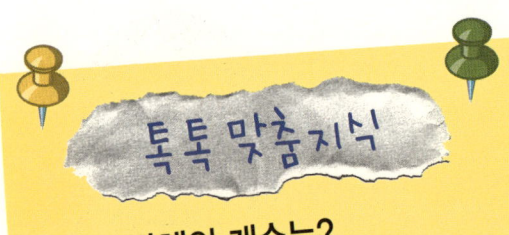

톡톡 맞춤지식

시민 단체의 개수는?

우리나라에는 현재 2만 여 개의 시민 단체가 활동하고 있답니다. 그 힘도 점점 커져서 정부의 정책에까지 영향을 끼치고 있어요.

쓰거나 거짓말을 하는 후보가 있으면 뽑지 말자고 낙선 운동도 벌여요.

다양한 시민 단체, 활발한 활동

우리나라의 대표적인 시민 단체 몇 곳을 소개할게요.

녹색연합은 우리 땅이 오염되는 것을 막기 위해 설립된 환경 단체예요. 이 단체는 환경 파괴를 감시하고 야생 동물이 살 땅을 지키기 위해 노력해요.

경제 단체로는 경제정의실천시민연합, 줄여서 '경실련'이 있어요. 1989년에 생긴 이 단체는 땅을 사재기하는 것을 막고 형편이 어려운 청소년들이 교육을 받을 수 있도록 도움을 줘요.

학교 폭력이나 왕따로 고민하는 청소년들을 위한 청소년폭력예방재단도 있어요. 전문가가 청소년들의 고민을 들어주고, 학교에서 더 이상 폭력이 생기지 않도록 예방 교육을 하지요.

국적을 가리지 않고 세계의 이익을 위해 노력하는 시민 단체도 있어요.

국경없는의사회는 전쟁이나 굶주림, 질병으로 고통 받는 여러 나라의 사람들을 돕는 의료 활동 단체예요.

그린피스는 국제적인 환경 보호 단체랍니다. 40여 년이 된 이 단체는 고래잡이 반대 활동으로도 유명해요.

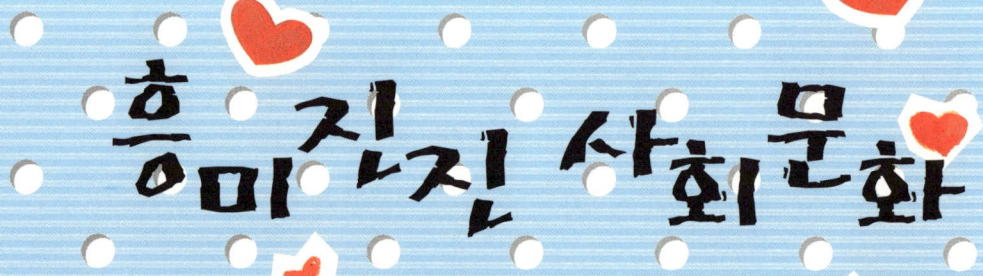

흥미진진 사회문화

24 바깥일, 집안일엔 남녀가 따로 없어

남자는 바깥일, 여자는 집안일!

옛날에는 사내아이는 서당이나 학교에 다니며 글공부를 하고 농사일을 도왔어요. 반면 여자아이는 어려서부터 어머니 옆에서 집안일을 돕고 바느질을 배웠어요. 아무리 밖에 나가 놀고 싶어도 꾹 참았어요. 어른들이 여자는 몸가짐을 단정히 해야 한다고 주의를 주셨거든요.

신사임당 하면 학자 이이를 훌륭히 키워 낸 어진 어머니의 본보기지요. 옛날에는 집안일을 잘하고 자식을 잘 키우는 일이야말로 현명한 어머니의 본보기로 여겼답니다. 이에 따라 옛날엔 가정에서 각자 하는 일이 정해져 있었어요.

집안의 가장 큰 웃어른이신 할아버지께서는 집안의 크고 작은 일들을 결정하셨어요. 가족들은 아무리 불만이 있어도 할아버지의 결정을 무조건 따라야 했지요. 할머니는 집안일을 돕고, 손자나 손녀들을 돌봤어요.

아버지는 농사일을 하거나 고기를 잡아서 돈을 벌었어요. 어머니는 집안일을 도맡아 하고, 청소도 하고, 밥도 짓고, 아기를 낳고 돌봐요. 심지어 바깥 일손이 모자라면 돕기도 했죠. '남자는 하늘, 여자는 땅' 이라는 말처럼 평생 남편을 공경하며 받들어야 했어요.

바깥일, 집안일 모두 함께 해!

만약 신사임당이 현대에 태어났더라도 어진 어머니로 유명해졌을까요? 아마 그렇지 않을 거예요. 시와 그림에 재주가 많았으니까 훌륭한 예술가로 이름을 날렸을 거예요.

옛날엔 남자는 바깥일, 여자는 집안일을 하는 것으로 그 역할이 뚜렷이 구분되어 있었어요.

오늘날에는 남녀가 하는 일이 따로 정해져 있지 않아요. 남녀가 평등해졌기 때문이에요. 이제 남편이 하늘이라면 아내도 하늘이지요.

부부가 함께 직장에 다니며 경제를 책임지는 맞벌이 부부가 늘어나면서 집안일도 나누어 하는 가정을 쉽게 볼 수 있어요. 직장을 다니면서 집안일까지 도맡아야

하는 슈퍼맘도 있지만요. 이제 엄마가 식사를 준비하면 아빠는 집안 청소를 해요. 그동안 형은 동생을 돌보고요. 또한 집안의 중요한 일은 가족회의를 해서 결정해요. 이제 가족의 일은 누구 한 사람의 몫이 아니에요. 가족 전체의 일이에요.

25 나에게도 여가가 필요해!

여가에 무얼 하지?

일주일 중 가장 기다려지는 때는 언제인가요? 아마도 휴일인 토요일과 일요일을 꼽는 어린이가 많을 거예요.

여가란 회사 일이나 공부에서 벗어난 자유로운 시간이에요. 공부와 같이 필요나 의무감 때문에 하는 게 아니라 스스로 만족을 얻기 위한 시간이지요.

여가를 잘 활용하면 피로와 스트레스가 풀려 다시 일을 하거나 공부를 할 마음이 솟고, 건강해질 수 있어요. 여

가 생활을 통해 자신의 소질과 재능을 발견할 수도 있어요.
내 마음껏 놀 수 있는 시간이 여러 가지로 도움이 된다니, 참 신나지요? 도움이 안 되는 게임에만 시간을 낭비하지 말고 바람직한 여가 생활에 대해 고민해 보세요.

핵심 포인트
회사 일이나 공부에서 벗어난 자유로운 시간을 여가라고 해요. 여가는 피로와 스트레스 해소, 건강 향상, 소질과 재능 탐구를 위해 꼭 필요해요.

옛날 사람들은 여가를 어떻게 보냈지?

현대에는 여가를 즐길 수 있는 다양한 시설들이 많아요. 사람들은 수영장, 헬스장과 같은 전문 시설을 찾기도 하고 컴퓨터 게임, 독서, 피아노, 등산과 같이 다양한 여가 문화를 즐기기도 하지요.

옛날엔 남자와 여자의 여가 활동이 달랐고, 신분에 따라서 여가를 즐기는 방법도 달랐답니다.

양반들은 서예나 책을 읽으며 마음을 닦고 교양을 쌓았고, 서민들은 주로 농사일이 바쁘지 않는 농한기나 명절에 여가를 즐겼어요.

남자들은 주로 씨름을 하거나 장기를 두고, 농악 놀이를 즐겼지요. 소싸움이나 닭싸움과 같은 겨루기나 내기도 흔했어요. 널뛰기나 그네뛰기, 강강술래는 여자들이 즐기는 여가 활동이었답니다.

명절에는 주로 민속놀이를 했어요. 차전놀이, 달맞이, 놋다

리밟기, 연날리기, 지신밟기, 쥐불놀이 등 그 종류도 다양해요. 민속놀이는 올해 농사가 풍년이 되게 해 달라고 빌거나 가정과 마을의 평화를 바라는 소망과 깊은 관련이 있었답니다.

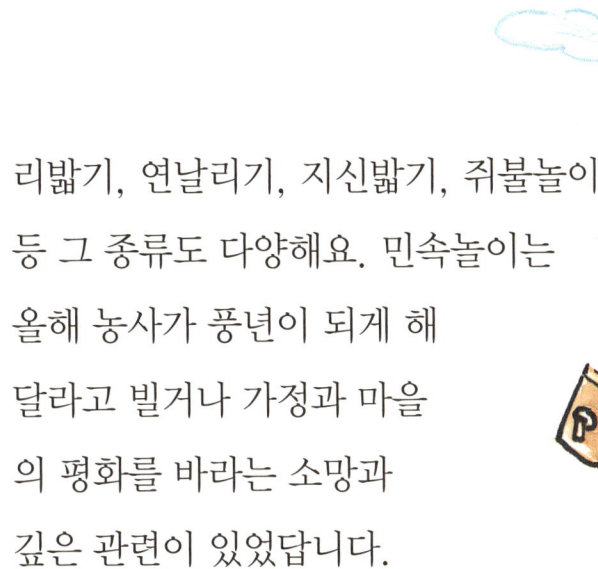

26 친척, 촌수를 따져 볼까?

100촌도 친척이야?

설이나 명절이 되면 가족과 친척들이 모여요. 지금은 그럴 일이 없지만 과거엔 친척끼리 촌수를 따져 보는 게 일이었어요. 촌수가 나보다 높으면 아무리 나이가 어려도 윗사람으로 톡톡히 대접했지요.

촌수가 낮을수록 나랑 가깝고 촌수가 높을수록 좀 먼 사이에요. 보통 핏줄로 맺어진 사람들 중에 8촌까지가 나의 친족이에요.

촌수를 따지는 건 다음 세 가지를 알면 쉬워요. 부부 사이는 0촌이고 부모와 자식 사이는 1촌, 형제나 자매 사이는 2촌이지요. 그럼 고모는 몇 촌일까요? 고모는 아빠의 남매예요. 아빠는 나와 1촌, '아빠 - 아빠의 누이'는 2촌이니까 합쳐서 3촌이 돼요. 이렇게 따지다 보면 우리나라의 모든 사람은 아주 먼 친척뻘일지도 몰라요. 아래 그림을 보고 촌수 계산법을 배워 보기로 해요.

- 서연이네 가계도 -

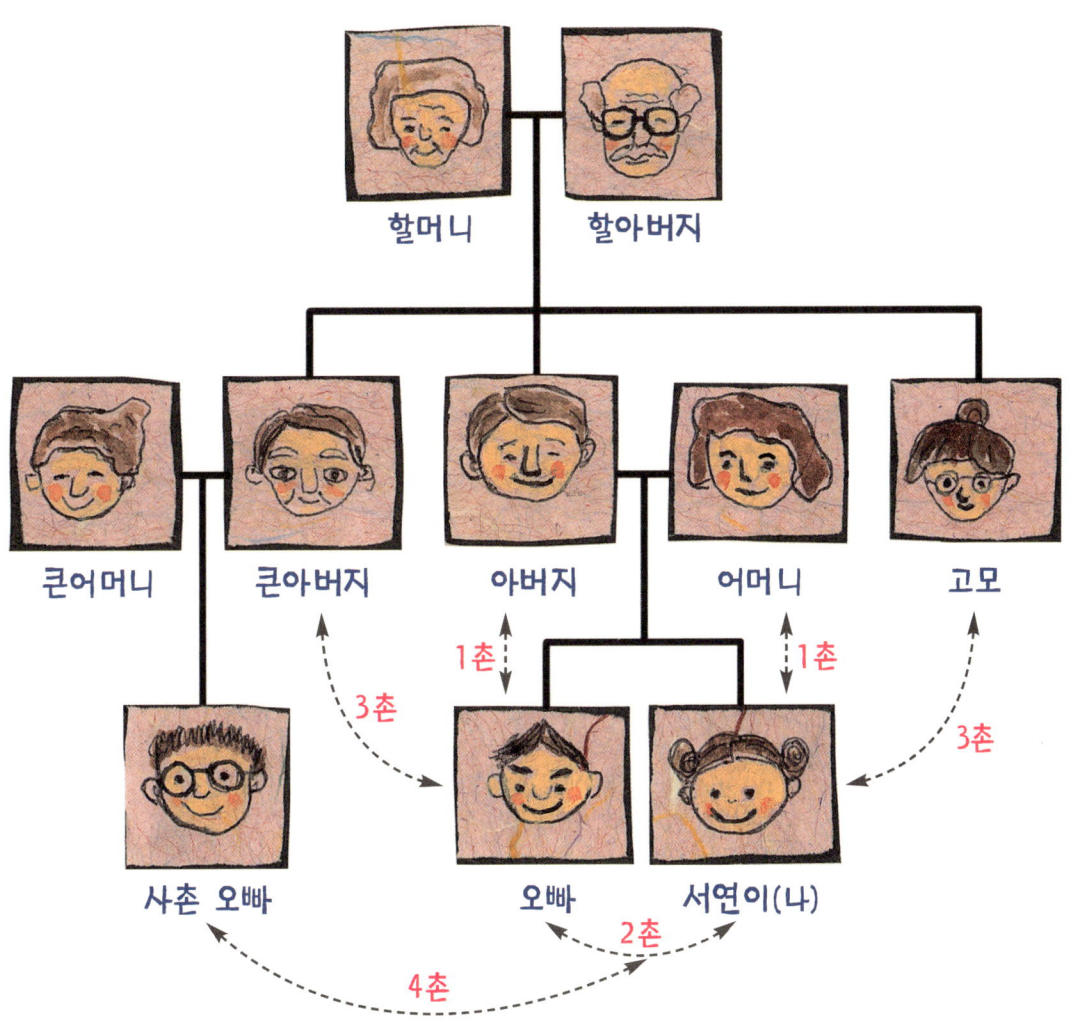

27 조상에게 제사를 지내

제사는 조상을 기리는 의식이야

관혼상제는 가정에서 성인식(관), 결혼(혼), 죽음(상), 제사(제)를 치르는 행사예요.

그 중에서도 왜 돌아가신 분에게 제사를 지내는 걸까요? 조상은 우리 부모의 부모, 그보다 먼 부모의 부모예요. 우리보다 앞서 사셨던 가족이지요. 비록 돌아가셨지만 그 영혼은 남아 있다고 생각해서 예절을 갖춰 잘 모신답니다.

조상이 돌아가신 날이나 추석, 설과 같은 명절에는 제사를 지내요. 제삿날이 되면 사람들은 저마다 몸과 마음을 깨끗이 하고 행동거지나 말도 조심했어요. 조상들이 드시는 음식도 정성껏 장만했지요.

핵심 포인트
제사는 예를 갖춰 조상을 모시는 의식이에요.

밤 12시가 넘어 가족과 친척이 모두 오면 제사를 지내요. 옛날에는 남자들만 제사에 참석하고, 여자는 끼지 못했대요. 한복을 갖춰 입던 과거와 달리 요즘엔 양복이나 평상복을 단정하게 입어요. 제사 절차도 많이 간소해졌어요.

제사상을 차려

정성껏 장만한 음식을 상에 올릴 때에는 법칙이 있답니다. 맨 앞줄에는 과일과 견과류를 놓고, 둘째 줄에 포와 나물, 셋째 줄에 탕, 넷째 줄엔 고기를 양념하거나 지진 적과 부침개인 전, 다섯째 줄에 쌀밥을 차례대로 놓아요. 다음엔 홍동백서를 따라요. 한자로 붉을 '홍(紅)', 동쪽 '동(東)', 흰 '백(白)', 서쪽 '서(西)'를 써요. 풀이하면 사과와 같은 붉은색의 과일은 동쪽에 올리고 밤과 같은 흰 것은 서쪽에 놓는다는 뜻이에요.

고기를 놓을 땐 어동육서, 물고기 '어(魚)', 동쪽 '동(東)', 고기 '육(肉)', 서쪽 '서(西)'를 써요. 곧 생선은 동쪽, 고기는 서쪽에 놓아요.

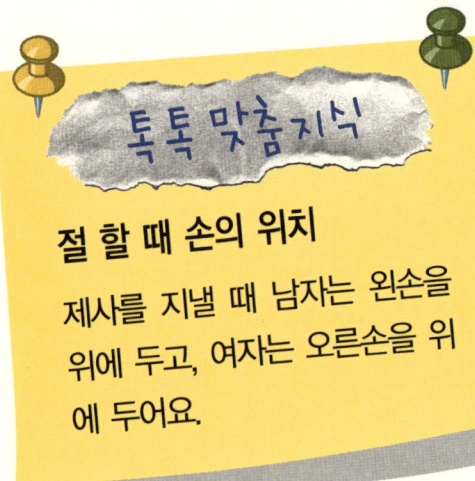

톡톡 맞춤지식

절 할 때 손의 위치
제사를 지낼 때 남자는 왼손을 위에 두고, 여자는 오른손을 위에 두어요.

제사를 지내기 전에 대문을 열어 놓고 지방을 써요. 지방은 돌아가신 분의 성씨와 벼슬 등을 쓴 종이인데, 제사가 끝나면 태워요. 상을 다 차렸으면 절차에 따라 술을 올리고 절을 해요. 집안마다 절차가 조금씩 달라요.

28 우리 동네만 깨끗하면 된다고?

님비 현상은 지역 이기주의야

만약 쓰레기 처리장이 우리 동네에 들어선다면 어떨까요? 자신이 사는 지역에 사람들이 싫어하는 시설이 들어서는 걸 반대하는 것이 님비 현상이에요. 지금으로부터 20여 년 전, 미국 뉴욕 근처의 작은 도시에서 일어난 사건을 두고 '님비'라는 말이 생겼지요. 당시 도시에서 생긴 쓰레기 1368톤 처리 문제를 두고 주민들이 우리 동네는 안된다며 반대를 했답니다. 쓰레기를 싣고 캘리포니아 등 미국 6개 주를 돌아다녔지만 어느 도시에서도 쓰레기를 받아 주지 않았어요.

쓰레기 처리장, 화장장, 핵폐기물 처리장이 동네에 들어오면 공기가 오염되고, 이사 오려는 사람이 줄어 땅값이 떨어진다는 이유로 반대하는 사람이 많아요.

쓰레기 처리장과 같은 시설은 생활에 꼭 필요하답니다. 우리 동네만은 안된다는 말은 자기 지역의 이익만을 고집하는 지역 이기주의예요. 무조건 반대할 것이 아니라 처리 시설이 안전한지, 과연 지역 발전을 막는지 등을 충분히 살펴 결정해야 돼요.

29 미래의 로봇, 어디까지 발전할까?

인간의 일을 대신 해 줘

2035년 어느 날 로봇 월E가 친구 이브를 따라 간 곳은 지구인들의 우주선. 그곳 사람들은 기계를 이용해 손 하나 까닥하지 않고 살아갑니다.

월E처럼 로봇을 만나는 건 이제 먼 미래의 일만은 아니에요. 로봇이란 말에는 '강제로 일을 시킨다' 라는 뜻이 있대요. 그 이름처럼 로봇은 사람의 일을 대신해 주어서 사람들의 생활은 점

톡톡 맞춤지식

로봇이 인간을 지배할 수 있을까?

로봇에겐 세 가지 원칙이 있어요. '제1원칙, 로봇은 절대로 사람을 해치지 못한다. 제2원칙, 로봇은 사람의 명령을 거역할 수 없다. 제3원칙, 로봇은 스스로를 보호해야 한다.' 이 원칙에 따르면 로봇은 인간을 지배하지 못하지요.

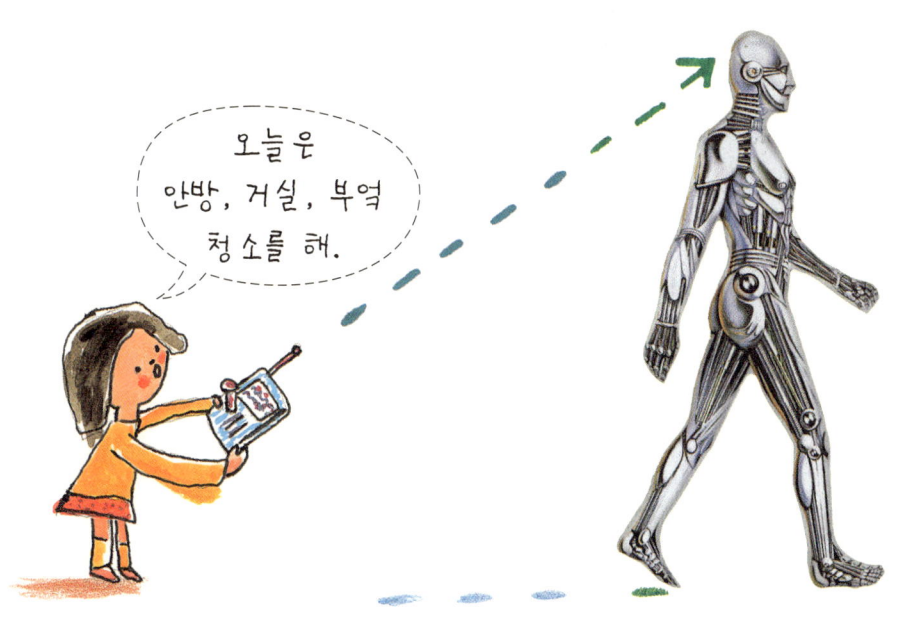

점 편리해지고 있지요. 로봇은 특히 공장에서 많이 이용한답니다. 빨리빨리 물건을 만들고 위험하거나 사람이 다칠 수 있는 일도 로봇이 대신 척척 해요. 나쁜 환경에서도 하루 종일 일하고 지루하게 반복되는 일을 시켜도 불평하지 않아요.

외모도 점점 사람과 비슷해지니, 가까운 미래에 나와 닮은 쌍둥이 로봇이 생기는 건 아닐까요?

로봇 어떻게 발달했지?

지능을 갖춘 로봇 애완견이 침대까지 와서 나를 깨워 주고 산책하며 대화하는 일이 가능할까요? 로봇에 대한 기대와 상상은 옛날 사람들도 마찬가지였습니다.

그리스 신화에도 로봇이 나와요. 대장간의 신인 헤파이스토스가 크레타 섬의 미노스 왕에게 선물한 탈레스예요. 적이 침략하면 탈레스가 스스로 움직이면서 집채만 한 바위 덩어리를 적에게 던져 크레타 섬을 지켰답니다.

뿌지직~

삐리 삐리~

삐리 삐리~

로봇이라고 보긴 어렵지만
1700년대에는 프랑스인 보캉송이
태엽 오리 인형을 만들었어요.
기계로 움직이는 인형으로 날개를
퍼덕이고, 꽉꽉 울면서 똥도 누었대요.
우리나라에서도 관절을 움직이고
1초에 세 걸음을 뛰는 인간형 로봇

'휴보'가 매우 큰 인기를 끌고 있답니다. 인간의 모습과 비슷한 '휴보' 같은 로봇이 나오기까지 많은 과학자들의 연구와 노력이 필요했어요.

최근에는 가정용 도우미나 애완용 로봇이 발명되어 서비스 분야에 이용되고 있지요.

로봇에 관한 연구는 계속되고 있는데, 스스로 판단하고 행동할 수 있는 로봇도 한참 연구하고 있어요. 이렇게 로봇의 발달로 사람들의 생활은 점점 편리해지고 있어요.